実録

“気づくだけ”ダイエット

リバウンドを繰り返していた700人が10kgヤセ！

ダイエットコーチEICO
漫画／いしいまき

扶桑社

Prologue

人生が好転する“気づくだけ”ダイエット

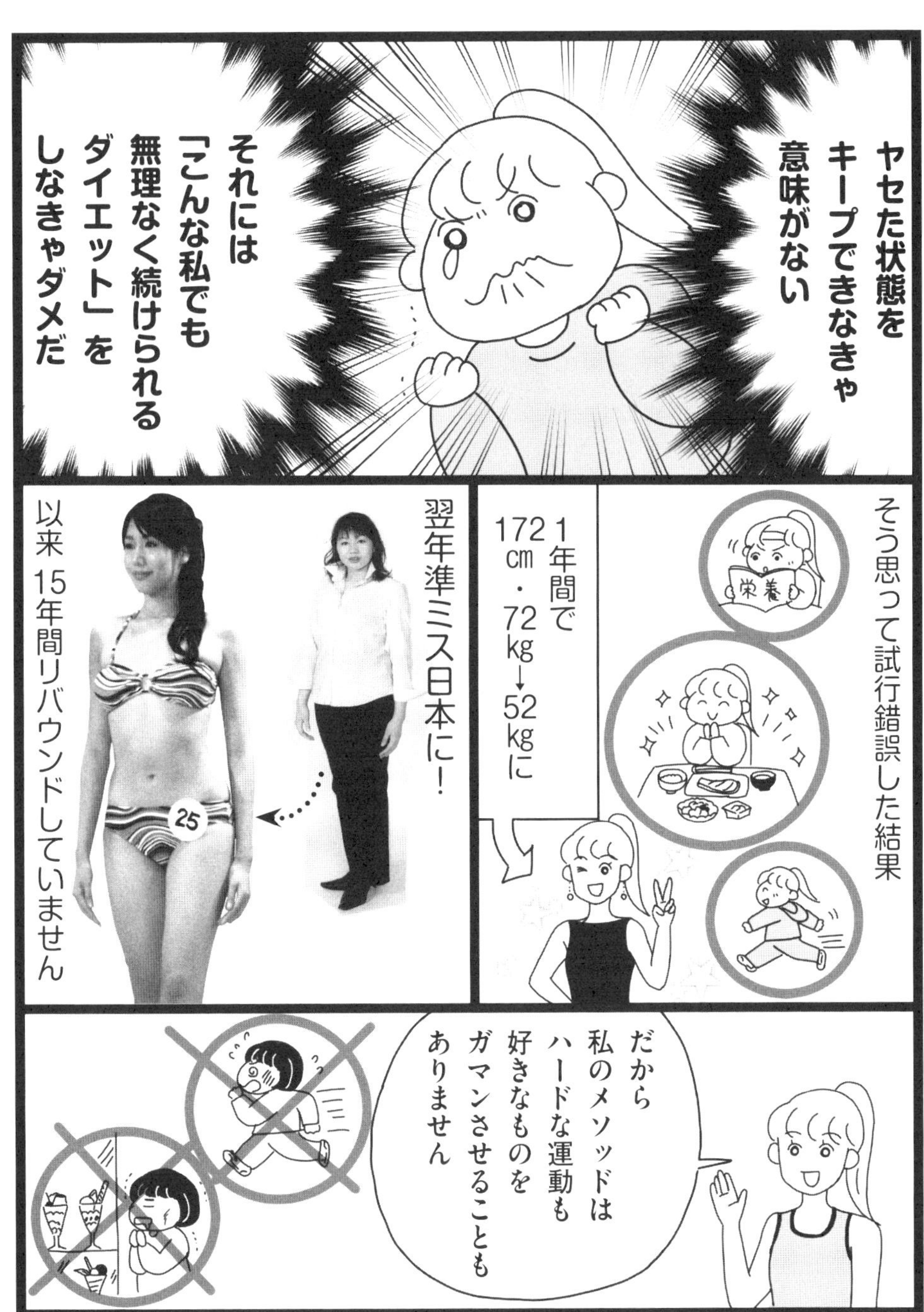
ヤセた状態をキープできなきゃ意味がない
それには「こんな私でも無理なく続けられるダイエット」をしなきゃダメだ
そう思って試行錯誤した結果
栄養
1年間で172㎝・72kg↓52kgに
翌年準ミス日本に！
25
以来 15年間リバウンドしていません
だから私のメソッドはハードな運動も好きなものをガマンさせることもありません

EICO式ダイエットやればヤセられる日々の課題15か条

解説は

1　体重×30mlの水分をとる→**P18～**
2　食事はカラフル＆シンプルなメニューを選ぶ→**P25**
3　食事手帳をつける→**P60**
4　外食では炭水化物を控えめに→**P62**
5　週5回以上は睡眠時間を6時間以上とる→**P66～**
6　夜に大豆製品はＮＧ→**P20**
7　タンパク質は1食につき生の状態でこぶしひとつ分→**P25**
8　夜にもずくかめかぶを食べる→**P62**
9　39～41℃のお風呂に20分以上つかる→**P84～**
10　ほうれん草を1日1食とる→**P90**
11　毎日1食はきのこを食べる→**P90**
12　週5日は歩数計を持って8000歩以上歩く→**P91**
13　乳製品は朝にとる→**P92**
14　ベーコン、フランクフルト、ウインナーは避ける→**P92**
15　朝起きてトイレに行ったら体重を量る→**P123**

※1～15のうち、
日々クリアできる項目が
多ければ多いほど
早くヤセられます

15か条を
守れれば
誰でもヤセる
わけですが
その障害になるのが
〝おデブ習慣〟
です
〝おデブ習慣〟とは……
「ヤセない人が無意識にやっている言動」のこと
食の傾向
無自覚に
太りやすい
食べ方をしている
カフェオレ
カルボナーラ
環境
ヤセにくい
環境にいる
いっぱいお食べ～！
物の見方・考え方
ダイエットにガマンは
必須と考える
ストレスを食で発散
食べちゃダメと思うと
食べたくなる
無意識の言動だから
自分では
気づきにくい！
でも
気づきさえすれば
すんなりヤセる
ことができます

ヤセない理由は
人それぞれ違う
なぜヤセないのか
その理由に気づくと
人は行動を変えます
!
心からヤセたいと
思うなら
私のお仕事の9割は
無自覚の
“おデブ習慣に”
気づかせること
そうやって700人以上の
女性を 平均10kg以上
ヤセさせたのです
!
本書を読めば
あなたの
ヤセない理由と
ヤセる方法に
気づけるはず
!
自分に近い人の事例を
参考にしてください
またEICO式
ダイエットでは
人生が好転します
ふふ…
なぜなら
実践するうちに
ポジティブに
なれるから

ダイエットは裏切らない！
正しく行えば
必ず結果が出るから
「ひとつのことをやり遂げた」
という自信が得られるのです
次の段階として
夢に挑戦する
気力が湧いてきます
印象的な人がいました
無気力で 背中に
床ずれができるくらい
家で寝てばかりいたのに
ダイエットを通じて
自分がやりたいことを
考えるように
なりました
？？？

お花を見て 落ち込んだ心を
元気にしていたから
〝お花の仕事をしたい〟
と一念発起！
Flower Shop
サロン卒業の日に
自信がないし
夢なんて
かなえられないと
思っていたのに
取材まで
受けるように
おず…
？
ある雑誌を
持ってきたのです
そこには
「美人なお花屋さん
BEST4」の文字が!!
照れ
照れ
美人なお花屋さん
特集
BEST4
素敵!!
10kgヤセて
終わりではなく
その先の
未来まで
明るくする
ダイエット
これが
E-CO式
ダイエット
です

だから ただヤセるのを
目的にするのではなく
今の自分
ヤセた自分
夢や目標
ここを意識をします!
"ヤセてどうなりたいか"を
考えて実践してほしい
初めは暗かった生徒さんも
いじいじ…
サロン卒業時には
とてもポジティブになっています
結婚
健康状態がよくなって妊娠
女優
モデル
CA
通訳
結婚や転職など夢をかなえた人も!
さあ!
本書の内容を
実践して
あなたの人生を
好転させましょう!!

Contents

Prologue　人生が好転する〝気づくだけ〟ダイエット ― 2

Chapter.1　太りやすい食べ方をしている

File 01　ヘルシーだからと量を食べすぎ ― 14

COLUMN 1　ヤセてキレイになれる食事の仕方 ― 25

File 02　外食が多くてヤセられない ― 26

File 03　忙しくて食事のバランスがとれない ― 36

File 04　お菓子を食べながらヤセたい ― 50

COLUMN 2　「食事手帳」をつけて自分の〝おデブ習慣〟を見つけよう ― 60

COLUMN 3　外食する日の心得 ― 62

Chapter.2　ヤセにくい環境にいる

File 05　太るインテリア ― 64

File 06 旅行で太る 70
File 07 湯船につからない 80
COLUMN 4 ヤセるために積極的に食べたいもの 90
COLUMN 5 正しいウォーキングでキレイにヤセられる 91
COLUMN 6 ハイカロリーな食べ物との付き合い方 92

Chapter. 3 太りやすい考え方になっている

File 08 子どもがいるからヤセられない 94
忙しい人のためのお家エクササイズ 100
File 09 夫がモチベーションを下げる 102
File 10 お菓子のかわりに調味料を舐める 112
Epilogue ＥＩＣＯがリバウンドしない理由 122

※漫画に登場する人物はプライバシーを考慮し、ＥＩＣＯを除いてすべて仮名です。
なお、ダイエットの効果には個人差があり、紹介されている実例などは効果を保証するものではありません。

Chapter.1

太りやすい食べ方をしている

File 01

ヘルシーだからと量を食べすぎ

一緒にいて
居心地がいいし
話も合う
もや
もや
ゼクシィ
なのに1年たっても
結婚話が進まない
ある日 意を決して
いつに
なったら
結婚して
くれるの？
と迫ったら
だって一向に
ヤセないじゃん
10kgヤセたら
結婚するよ
ガーン！
本気
だったんだ！
俺より重いって
おかしくない？
普通
女のほうが
軽いでしょ
イラッ
170cm
52kg
当時
165cm
65kg
コロス!!
いやーねぇ！
ひどい
ですよね〜
腹が
立ちます
ねぇ

生徒さんからも
ヤセたら セックスレスが 解消しました
なんて声をよく聞きます
実は「顔より体形の ほうが重要」という 男性は多いです
友達に相談したら そんな男はやめろと 言われたけど
何様？
別れなよ〜
やっぱり 彼のことが 好きだし
ヤセて結婚できるなら 万々歳だし ダメでもヤセることは いいことだから
チャレンジしようと 思ったんです
前向き！
point
ダメ出しを素直に 受け入れられる人はヤセます
1年半かけて自己流で 5kg落としましたが 何をやっても 落ちなくなって しまいました
はぁ。。。
ぷにっ

※カウンセリングの様子は『どうしてもヤセられなかった人たちが〝おデブ習慣〞に気づいたらみるみる10kgヤセましたPREMIUM』（ダイエットコーチEICO著・小社刊）の巻末に掲載されています。

むくみのメカニズム
お酒もコーヒーも利尿作用が強いので
飲むと体の水分が体外へ排出されます
排出
水分不足になると排出を減らそうとして細胞が水分を溜め込むから
ミシ
ミシ
むくむ
これからは
①お酒やコーヒーを飲んだら必ず同量のお水を飲む
お酒・コーヒーを300ml飲んだら
お水を300ml飲む
これで0に！
②それとは別に1日の水分をお酒とコーヒー以外で1.8ℓとる
※1日の水分量は体重（60kg）×30ml＝1.8ℓ
これを毎日続けてくださいむくまなくなりますから
お酒やコーヒーも水分だと思ってました
ガビーン
ってことはお酒やコーヒーを飲んだらめちゃくちゃ水を飲まないと1.8ℓにならない！
そういうことです
水って苦手なんですよ飲む意味がわからなくて
私もヤセる前はそうでした

味のついてないものにお金を払うのはもったいない
その発想は「おデブ脳」です
ズバリ
モデルはミネラルウォーターを好む
ヤセない人はパックの甘いミルクティーやジュースを好む
ちゅー
"たかが飲み物"とあなどると大きな差に!!
コーヒーを控えてお水を飲むようにします
ひゃー!!
お酒はやめられない
お茶でもOKですよ!
オススメはノンカフェインの麦茶
麦茶
もうひとつ!タンパク質過多なのも問題です
むむう…
食事には気をつけてるのに!
え
食事手帳
確かに炭水化物は少ないですね
夜はお米を減らしてます
食事手帳

でもこの日の夜は
タンパク質が７種類も！
主菜
鶏むね肉と野菜の炒め物
合鴨スモーク
マグロのお刺身
副菜
豆腐と卵のスープ
納豆
枝豆
タンパク質はカロリーが高いのでダイエット中は２種類までにしたいところです
ひとつひとつはヘルシーでも数を食べすぎ
大豆製品が3種類も！
気づいてなかった〜
特に夜の大豆製品は控えましょう
大豆製品は栄養素に炭水化物も含まれるので実は高カロリー
メインの肉や魚＋副菜に大豆製品だとカロリーオーバーに！
ガーン！
よかれと思って食べてました
納豆1パック 100kcal
油揚げ1枚 116kcal
絹ごし豆腐1丁 168kcal
NO!

そして ジム通いを
頑張ってるようですが
行く前に何か
食べてますか？
ぎりぎりに
行くので
食べないです
それは
もったいない！
運動前には
炭水化物を
とるほうが
いいんです
おなかがすいた状態で
運動すると
体は筋肉を
エネルギーに
変えてしまうんです
エネルギー
筋肉つけに
行ってるのに！
本末転倒だ！
炭水化物を一番
消費するのは運動時
だから 炭水化物は
運動前にとると太りにくい
逆にジムから帰った後に
食べたらすごく吸収してしまう
ずんっ

今後は必ず ジムに行く前に
タンパク質の具の入っていない
おにぎりを食べるように
してください
おかかや
梅干しが◎
はい！
メモ
メモ
帰宅後はサラダと
タンパク質を食べて
バランスを取りましょう
コンビニのサラダと
サラダチキンで
いいですよ
EICOさんに
言われたことを
守ってたら
するすると5kg
ヤセて
10kg減
達成!!
すると旅行先のオランダで
結婚して
ください
!
キャー！
ロマンチック!!
そんなわけで
無事 嫁にいきました
夫もドレス姿を
すっごい
キレイだよ
って
言ってくれて

ダイエットのおかげで
結婚できて幸せだけど
自分をコントロール
できるようになったのも
大きな収穫です
ぐっ
これまでは何も考えず
コーヒーを飲んでましたが
！
おっと…
これ飲んだら
水飲まなきゃ
いけないから
やめとこう
行動する前に考える
クセがつきました
太りやすいと
自覚しているので
本当に
食べる価値
ある？
じ～
お土産
一旦考えることが
できるようにもなって
point
太りやすいと自覚
している人は
リバウンドしない
欲望に流されずに
ルールを守れていることで
自信がついて我ながら
大人になったと思います
素晴らしいっ！
あと
オシャレをするのが
楽しくなりました！

ヤセる前はモデルが着てるのを見て ネットで買った服が
かわいい〜
自分が着るとかわいく見えないことがよくあり
写真と違う！
ヤセる前はシンプルな服を着るのが怖かったんです
シンプルだとごまかせないし似合う体形じゃないと思ってたけど
ファッション
ヤセたら着こなせるようになって
ヤセる前
個性的な服に逃げていた
ヤセてから
シンプルで大人っぽく
夫も
その服いいね！大人っぽくなったね
って褒めてくれるように♡
心も服も大人になりました
あらごちそうさま

COLUMN

1

ヤセてキレイになれる食事の仕方

食事はカラフル&シンプルなメニューを選ぶ

カラフルを意識すると、自然と野菜が多めになります。シンプルとは調理方法のこと。料理が苦手な人でも、ひと目見て、調理方法がわかるシンプルな料理は低カロリーです(たとえばアジフライよりアジのお刺身のほうがカロリーは低いです)。なお、太っている人の食卓は茶系に偏っていることが多いので要注意。

タンパク質は1食につき生の状態でこぶしひとつ分

お肉を食べたら太ると思っている人も多いですが、女性の場合、肉や魚は調理前の生の状態で握りこぶしひとつ分は毎食とるようにしましょう。タンパク質は髪をツヤツヤにしたり肌にハリを与えてくれるので、タンパク質を抜いてヤセると、「ヤセたけど老けた」ように見えてしまいます。

ただし、とり過ぎはカロリーオーバーにつながります。男性と一緒に食事する機会の多い人は、タンパク質が多くなりがちなので、朝昼は1種類まで、夜ごはんなら2種類までにしましょう。

File 02

外食が多くてヤセられない

そうだよね……
私にもそんな時代があったよ
大学2年生まで72kgのおデブでした
大丈夫！ 課題をしっかりこなせばキレイになって自信が持てますから！
食事手帳しっかりつけてきてね☆
頑張りますっ！
次のレッスンで
びえ〜!!
1週間で3kgも太っちゃいました〜
うっうっ
3kg!?
食事手帳を確認しましょう

月曜の夜
とんかつ
水曜の夜
焼肉食べ放題
木曜のランチ
パンケーキ
火曜の夜
串カツ食べ放題
さすがに脂質のとりすぎですね
食事手帳
金曜の夜
串カツ屋
ずどーん
でももっと重要なのはなぜ立て続けに食べたのかです
うう…
私は揚げ物とかガマンしてるのに
ぴえー!!
みんなが行こうって言うんですよ〜
脂っこいものばかりに誘われて
みんなでダイエットの邪魔してるんじゃないかと
お友達も一緒に行ってるのよね?
その子たちは太ってないの?

毎回同じ子と
行くわけじゃ
ないから……
友達が多いだけに
毎回 別のグループと
食事に行っていた
ことが判明
大学のクラスの友達
テニスサークルの友達
高校時代の友達
バイト先
英会話教室の友達
これは外食が
多くなりますね
誘って
もらったのに
断ったら悪いし
ただ
隠れた問題も
あるみたいです
これだけ連続して
脂っこい食事に
誘われるのは
こってり大好きだと
思われてる
可能性がありますね
えぇっ!?
見た目のイメージで
誘われるお店が異なるのです
がっつり食べたいときに
声をかける要員
太っていると
がっつり
こってり好き
と思われ
がち
とんかつや串カツには
誘われない
逆に
ヤセている人
美意識の高そうな
人は
ベトナム料理
和食などの
ライト系好き
と思われる

ナナミさんはノリも人当たりもいいから〝揚げ物大好きで断らない人〟に見えているのかも
串カツならナナミを誘おう！
こってり 大好き♡
ガーン
もう全部断ります！
ちょっと待って！外食は絶対にダメというわけではないの
リバウンドしない人たちはダイエット中でも友達の誘いを断らないんですよ
そんなわけないじゃないですかっ!?
人付き合いとダイエットのバランスが取れてるから太らないのよ
ふる ふる
逆に太ってしまう人ほど外食ゼロなど極端なことをして反動でドカ食いするの
一旦ヤセてもリバウンド
それに「ダイエット中だから」を連発する人は だんだん誘われなくなってしまいます
ダイエット中だから揚げ物はちょっと……
……
めんどくさっ

せっかく体重が減っても
友達まで減ってしまったら
人生ガリガリですよ
……
ヤセて楽しく
生きるために
ダイエット
するんでしょ！
ぽつん…
これじゃ
さびしすぎるっっ!!
外食をゼロにするのではなく
太らないように外食すれば
いいの
そんな都合の
いい方法が
あるんですか？
まずは正攻法！
外食で太らない
メニューを
選びましょう
これはヤセている人が
習慣にしていること
でもあります

ヤセない人は たとえば
イタリアンに行ったら
「パスタかピザは必須」
と思い込む
イタリアン
そして観念して
食べまくってしまう
わぁー!!
いつもの
パターン
だ!!
!
でも 野菜のサラダや
マリネ、グリルなどを
多めにしたり
メインをアクアパッツァ
などの魚料理にすれば
カロリーを抑えられ
栄養バランスも
よくなります
でも～
串カツなんて
どう選んだって
串カツに
なっちゃいますよ
確かに
メニュー選びで
対応するのも
限界はありますね
では 太りそうなお店を
ダイエット向きのお店に
変えてもらう方法を教えます
昨日食べちゃったの
作戦

たとえば
串カツ屋に誘われたら
「昨日食べちゃったの」
と言えばいい
これなら
別のお店になる
可能性が高いです
「ダイエット中
だから」だと
感じ悪いけど
これなら
大丈夫かも
そして「行きたい
お店がある」と
ダイエット向きの
お店を提案するの
店とか
よく
知らなくて
移動中などのスキマ時間に
野菜や魚メインの
おいしいお店を
スマホで調べて
リスト化しておくと
いいですよ
きのこ　有名　店
魚　おいしい　店
などで検索
私は美容院では
ファッション誌ではなく
グルメ誌を読んで
店をリスト化します
でも
家にはグルメ誌を置きません
それを見て食べたくなっちゃうから
じ〜〜
真剣っ
EICO
グルメ
ダイエット中は
幹事を積極的に
引き受けると
ヤセやすく
なりますよ
みんなにも
喜ばれるし
一石二鳥ですね

発想を変えてエンタメ系のレストランを選ぶのもいい手です
ものまねバーとか水族館レストランとか
食よりイベントに気がそれるから量を食べません
楽しさで満足できればドカ食いしないんです
逆に つまらない会の後ほど心を満たそうとして帰り道にコンビニでお菓子を買ってしまいます
24
からあげさん 100円
ありますね～
あちゃー
楽しい会にするのは間食の防止にもなります
お店のリスト作り帰りの電車でさっそく始めます！
6か月後
12kg落ちました！
外食しながらでもヤセられるんですね！
読者モデルの子とも普通に話せるようになりました

ダイエットで
友達をなくす人が
多いのに
ナナミさんは
増えたのね！
エライッ
自信がついて
学祭で呼び込み
担当できたんです
いらっしゃい
ませー
クレープ
インスタ映え
トッピング13種類
おいしい！
今までは
裏方に立候補
してた
ヤセてみて
気づきました
自分は
〝カーストの最下層〟
っていじけてたけど
そう思ってたのは
自分だけだったって
話してみたら
みんな優しかった
素直に外食を
楽しめるように
なりました！
今日も
行ってきまーす

File 03

忙しくて食事のバランスがとれない

アキ子さんは
内科のお医者さま……
食事バランスの知識や
運動の必要性は
ご存じなはず
ふんっ
もちろん
知ってるわよ
では なぜ
実践しないんですか？
ズバッ
あえてのド直球!!
うっ…
仕事柄不規則に
なっちゃうのよ！
食べるしか
ストレス発散方法が
ないのっ！
ダイエットに費やしている
時間なんかないし！
ある程度食べないと
頭が働かないじゃない！
ヤセて貧相になったら
イヤだし！
がむしゃらにダイエット
するなんて
みっともないし！
言い訳
言い
言い訳
言い訳
ベラ
ベラ
ベラ
ベラ
それにほら
もう51歳だし
女を降りても
いいかなって
どーせ
おばさんよ
ふー
ふー
言い訳
言い訳
言い訳
言い訳
言い訳
ふんっ！
いまさらキレイに
なっても仕方ない
私はもう
男と女の中間で
いいのよ……

では なぜ
ここに来たん
ですか？
え？
変わりたかったんじゃ
ないですか？
ここに来ただけでも
すごいことだと思います
相当な決意があったと
思うんですよね
……
キッパリ
でも正直
今の考え方のままだと
ヤセるのは難しいと
思います
……
本当にヤセたいのか
なぜヤセたいのか
もう一度しっかり
考えてきてください
point
ヤセる目的を
明確にすると
本気スイッチが入る

2週間後
おず…
また来てくださったんですね！
おばさんにはいつだってなれるのよ‼
アキ子さん……！
パァァァ
だからこそやっぱり今頑張りたい！
ぐっ
医師として責任あるポジションにいて
病院

毎日忙しく
ダイエットや身だしなみに
時間を費やす余裕がない
いつもすっぴんで
頭もボサボサ
ボロッ
ハア……
「女を卒業したんだ」と
自らに言い聞かせてきた
でも……
カツ
カツ
ざわ
ざわ
キレイだよな～
……

あんたたちサボってないの！
はいっ！
同年代で同じ医師でも「女性」として見られている人もいるのに
医師
+
女性
医師
私は「医師」としての評価しかされない
少しでも若く見えるようにと若い子向けの店に行ってみたけど
げっ
デデニムが入らない！
ぎゅむ
ぎゅむ
ちょっとー！もっと大きなサイズないの〜⁉
それが最大サイズですぅ〜
結局 ブランドの力を借りないと
高級ブランド
どうにもならないことに気づいたの

いいものを持ってるけど
なんか自分がなりたい
女性像じゃない
ブランドに頼れば頼るほど
おばさんっぽくなっていく
Shop
理想は
ジェーン・バーキン
デニムとシャツだけで
サマになる女なのに
現実は……
〝体形なんて関係ない！
私は医師！
キャリアやスキルが
あればいい〟って自分に
言い聞かせてきたけど
EICOさんに
なんでここに
来たんですか？
って質問されて

私 ヤセたいんだ
まだ自分のことをあきらめたくないんだって気づいたのよね
やっとご自分の口で「ヤセたい」と言ってくれましたね！
言ったら負けだと思っていました自分がおデブって認めるみたいで
心の底から「ヤセたい」と言った人はヤセるんです！
あとは知識を実践に落とし込む方法を私が考えますから！
よっよろしく頼むわよ
ガシッ
アキ子さんの問題は忙しすぎて食事が不規則なことですね
食事手帳

朝は菓子パンだけ
むしゃ
むしゃ
お昼は食べる時間がないのでスナック菓子でしのいでるんです
よく食べるのはうまい棒
次の方～
常備
夜になる頃には空腹過ぎてドカ食い
ガツ
ガツ
休日はストレス解消のための食べ歩きという悪循環
でも仕事柄どうにもできなくて医師やめなきゃヤセられないかしら
大丈夫ですよ！
アキ子さんのようにお忙しい方にとっておきのヤセる秘策があるんです

名付けて「非常食セット」！
忙しい人のための非常食セット
海藻
こんにゃくせんべい
おしゃぶり昆布
炭水化物
赤ちゃん用のせんべい
（低カロリーで塩分も低い）
国産米100%
おいしい
1食150kcalまで
野菜
栄養きちり
1日の野菜ジュース
野菜100%
ジュース
タンパク質
コンビニの
サラダチキン
サラダチキン
1パックで1食分
or
燻製うずらの卵
うずらの燻製
7個で1食分
診察の合間に食べられるように机のひきだしなどに常備してください
食べる時間はバラバラでもかまいません
※栄養バランスがとれるとお腹がすきにくくなり夜のドカ食い防止に
コク
コク
仕事柄 食事が不規則になるのはどうしようもないと思い込んでたけどストックを作っておけば解決するのね
うろこ
おっしゃる通りです
にっこり

朝食はパンから
ごはんに
変えてください
炊く時間なんて
ないわよ！
真空パックの
ごはんでOKです
ただし
120g入りの
ものを選んで
ごはん
120g
炊かなくて
いいんだ……
ごはんは
パンより
腹持ちいいものね
しかも お米は
炊くときに
水しか入れないので
300kcal
202kcal
メロンパン一個
ごはん一膳
塩やバターが入っている
パンよりも
ローカロリーです
真空パックのごはんに
卵を足して
卵かけごはんに
すれば
炭水化物＋
タンパク質は
クリアです
TKG!!
パーン！
さらにレトルトの
ほうれん草入り味噌汁と
もずく酢を添えれば……
忙しい人のための
朝ごはん
もずく酢
ほうれん草
卵
手軽に
バランス
バッチリね！

夜は？
パンと麺以外なら好きなものを食べてOKですよ
えっ⁉でも……
唯一の楽しみなんですよね？
ダイエットは逃げ場を一個は作っておかないと続かない！
アキ子さんの場合夜も制限すれば短期間で体重は落ちるけどリバウンドすると思います
半年後
24インチのジーンズが入ったわ！
ヤセたらファッションとメイクが楽しくて
スラッ
12kg減!!
デニムとシャツだけでかっこいい女！夢がかないましたね！

何よりうれしかったのが
例のキレイな女医に
最近
アキ子さんに
憧れてるんです
って言われたこと！
若い子たちにも
最近
キレイに
なりましたね
なにか
あったんですか？
ブランドで
固めてるときは
言われなかったのに
それに
みんなが
優しくなって
それは
違いますよ
アキ子さんが
優しくなったからですよ
えっ？

最初 サロンに
来たとき
とがって
ましたよね
声も
今の3倍
大きかった
ですよ
今のほうが力を抜いて
生きているから楽だわ
鎧が重かったん
ですね～
あっそうそう
はい 加湿器
どん!
!?
ここのサロン
ちょっと乾燥してる
じゃない?
えっ?
忙しいとは思うけど
あなたももう少し
お肌に気を
使いなさいよ
人って
変わるなあ……

File 04

お菓子を食べながらヤセたい

※女性の1日の摂取カロリーは、1500kcalを推奨しています。

どうしてそんなに
チョコが好き
なんですか？
チョコはあって
当然というか
ない状態が
想像できません
チョコ命
チョコをやめる
くらいなら
ダイエット
やめます！
バーン
でもヤセたいん
ですよね？
そう
なんですぅ～
パタパタ
……
パァァァ…
わかり
ました！
E-CO式
ダイエットでは
好きなものを完全に
ゼロにはしません
「○○断ち」は
ストレスが強すぎて
ダイエットにくじける
きっかけになるから

よほど意志が強くないと反動でドカ食いしてしまうのです
爆発!! ← ガマン ← ガマン
あたし今日からお菓子断ちするっっ!!
チョコ…
プリン…
もうガマンできな〜い!!
わあああ——!!
むっしゃ
むっしゃ
じゃーーん!!
ダイエットは生活そのもの!!
リバウンドしないためには生活習慣として定着するくらい長期的な目線が必要です
基本的には回数を少し減らしたり低カロリーなものに置き換えます
1日10個のチョコ
ふつうのプリン
1日3個のチョコ
低カロリープリン
好きな食べ物はうまく付き合えば生活の満足度を高めてくれてダイエットのモチベーションになってくれますよ
断てぬなら断たずにやろうダイエット

というわけでチョコは週3までならOKにしましょう
本当は週1がベストですが…
むむむ…
週3ならなんとかなるかも……
ただしチョコ週3をOKのかわりに麺とパンはなし
3食ともごはんにしてください
どうして？
パンや麺のほうが手軽に食べられて便利ですが
どうしても塩分やカロリーが高くなってしまいがち
メグミさんの場合はチョコのカロリー分をほかで抑えたいので
麺やパンよりカロリー・塩分が低く腹持ちもいいお米にしてほしいのです
まぜごはんやチャーハンではなく白ごはんを120g！
※詳しくはP46も参照

私は急いでヤセたいとき3食ともお米にします
わかりましたっ！チョコのためなら頑張れます！
そして 素朴な疑問ですがそれだけチョコ好きなのになぜコンビニのチョコばかりなんですか？
え……
習慣化した行動は本人は改善点に気づきにくいのです
お菓子大好き！と熱く語るわりにコンビニ菓子ばかりの人も多いですが
そういう人は例外なく太っています
私もそうでした
手軽だから毎日食べるからです
24
お弁当50円引き
おでん
わーい♡
むしゃ
むしゃ
コンビニ出たら5秒で開封！お菓子タイムッッ
昔のEICO

お菓子好きでも専門店のものしか食べない人はヤセていることが多いです
そうしょっちゅう食べられないから
Sweets
「スイーツ好き」と言ってるモデルは大抵このタイプ
デパ地下の高級チョコに変えませんか？
量より質への転換!!
そう！たくさん食べるのではなく良質なものを少しだけ
姫気分でね♡
満足度が同じでもカロリーは抑制できます
むしろ満足度はUPすることが多いです

チョコ好きならではの解決策ですよ
確かに私にぴったりね
チョコクッキーなどよりチョコレートそのものを味わうようにしてほしいです
チョコ菓子はチョコだけより高カロリーだから
ここが高カロリー!!
チョコの少ないほうが低カロリーかと思ってた
高級チョコ作戦には2つのルールを設けましょう
その1
1回1000円まで
予算を決めて食べ過ぎを防ぎます
千円
その2
ひとりで食べずに誰かと食べる
せっかくだからお茶もいれたくなりますね
満足度が上がり食べる量も自然と減りますよ
お茶はカロリーゼロだし

4か月後
すっきり♡
夢だった45kgに！
本当に
チョコを断たずに
ヤセられました
付き合い方
次第と
いうことですね
しかも！
じゃーん!!
キラッ
パアアア
あら〜！
おめでとう
ございます
てへへ♡
彼氏は内心チョコへの
こだわりに引いてた
みたいで
う〜ん
濃厚！
あまっ
ムッ
こんなに
おいしいのに
わかんないのっ!?
あんたは人生
損してるっ
ヒイッ

ヤセたことより「頑ななところがなくなったから結婚を決意した」と
今日はあなたの行きたいところにしよ♡
スイーツフォレストじゃなくていいの？
ハマってたものも少し距離を置くと冷静に見れますよね
でもプロポーズよりうれしかったのが警備員のおじさんに褒められたこと
あれまっすごくキレイになったね！
ななぜ？
だって一番美に興味なさそうじゃないですか
そんな人が気づくくらい変われたのかなって
たしかに最高の物差しかも
うろこ

COLUMN
2

「食事手帳」をつけて 自分の“おデブ習慣”を見つけよう

私が生徒さん全員にお願いしていたのが、「食事手帳」を毎日つけること。毎食のメニュー（食材まで書くとベター）、水分量、体重、便通の有無、トイレの回数、睡眠時間、入浴・運動の有無なども記入。このデータを分析することで、「間食が太る理由だと思っていたけど睡眠時間が足りていなかった」などと、ヤセない原因に気づき、対策を立てられるようになるのです。次ページの記入例を参考に、下記の項目をノートに書いてみましょう。

❶開始時間

食事を開始した時間を記入。おなかがすき過ぎてドカ食いしないよう、
食事と食事の間が6時間以上あかないよう気をつけて。

❷かけた時間

早食いは食べ過ぎの原因に。食事にかけた時間をチェックしましょう。
できれば15分以上かけて食べること。

❸外・家

外食した場合は「外」、自宅で食べた場合は「家」と記入。

❹食べたもの

メニューだけでなく食材まで書くとベター。

❺食べたらCHECK！

食事の成分やバランスを見直し、
バランスのよい食事ができているかをチェック。

❻水分

合計が体重（kg）×30mlになるように。
水分摂取量が少ないとむくみの原因にも。

❼甘い飲み物　❽間食

何を飲んだか・食べたかだけでなく、量も書くこと。

❾間食した理由　❿ひとりで間食しましたか？

なぜ間食するのか自己分析するための項目です。

⓫ウォーキング

1日のトータルの歩数を記録しましょう。
スマホのアプリや歩数計できちんとカウントすること。

⓬エクササイズ

何をやったか記入しましょう。

＊もっと詳しく知りたい人は『Diet Note』（ダイエットコーチEICO著・小社刊）をチェック！

食事手帳の記入例

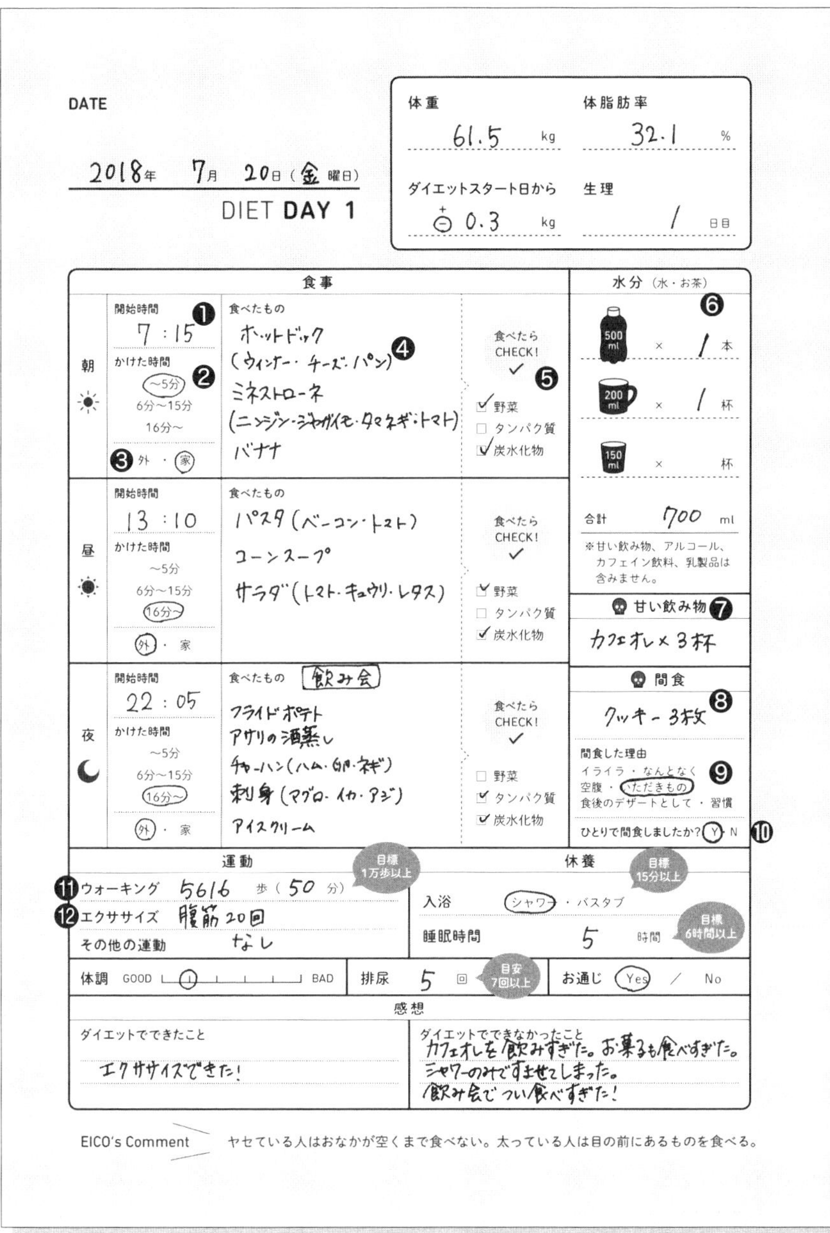

DATE
2018年 7月 20日（金 曜日）
DIET DAY 1
体重 61.5 kg
体脂肪率 32.1 %
ダイエットスタート日から ＋/− 0.3 kg
生理 1 日目
食事
朝
開始時間 7:15 ❶
かけた時間 ~5分 6分~15分 16分~ ❷
❸ 外・家
食べたもの
ホットドッグ
（ウィンナー・チーズ・パン）❹
ミネストローネ
（ニンジン・ジャガイモ・タマネギ・トマト）
バナナ
食べたらCHECK! ❺
野菜
タンパク質
炭水化物
昼
開始時間 13:10
かけた時間 ~5分 6分~15分 16分~
外・家
食べたもの
パスタ（ベーコン・トマト）
コーンスープ
サラダ（トマト・キュウリ・レタス）
食べたらCHECK!
野菜
タンパク質
炭水化物
夜
開始時間 22:05
かけた時間 ~5分 6分~15分 16分~
外・家
食べたもの 飲み会
フライドポテト
アサリの酒蒸し
チャーハン（ハム・卵・ネギ）
刺身（マグロ・イカ・アジ）
アイスクリーム
食べたらCHECK!
野菜
タンパク質
炭水化物
水分（水・お茶）❻
500 ml × 1 本
200 ml × 1 杯
150 ml × 杯
合計 700 ml
※甘い飲み物、アルコール、カフェイン飲料、乳製品は含みません。
甘い飲み物 ❼
カフェオレ×3杯
間食
クッキー 3枚 ❽
間食した理由 ❾
イライラ・なんとなく
空腹・いただきもの
食後のデザートとして・習慣
ひとりで間食しましたか？ Y・N ❿
運動
目標 1万歩以上
⓫ウォーキング 5616 歩（50 分）
⓬エクササイズ 腹筋20回
その他の運動 なし
休養
目標 15分以上
入浴 シャワー・バスタブ
目標 6時間以上
睡眠時間 5 時間
体調 GOOD BAD
排尿 5 回
目安 7回以上
お通じ Yes / No
感想
ダイエットでできたこと
エクササイズできた！
ダイエットでできなかったこと
カフェオレを飲みすぎた。お菓子も食べすぎた。
シャワーのみですませてしまった。
飲み会でつい食べすぎた！
EICO's Comment ヤセている人はおなかが空くまで食べない。太っている人は目の前にあるものを食べる。

COLUMN

3

外食する日の心得

外食では炭水化物を控えめに

女性は外食だとパスタなどを選びがち。どうしてもパスタを食べたい場合、ついてくるパンは事前に断るようにしましょう。また付け合わせのイモやコーンなど、野菜の顔をした穀類のメニューも多いので、無自覚に炭水化物を多くとってしまいます。定食屋のごはんなども男性が満足する量でよそわれるので、初めから「少なめにしてください」とお願いするなど、自主的に減らすことが大事です。

夜にもずくかめかぶを食べる

本来は1日のどのタイミングでもかまわないのですが、朝の乳製品にもずくや海藻は合わないし、昼のお弁当や外食にもずく持参は非現実的。夜にもずくかめかぶを食べる習慣をつけましょう。外食した夜に、家で食べるのもオススメです。

海藻は低カロリーでビタミンやミネラルが豊富に含まれています。夕飯の一品として加えることで、結果的にカロリーを抑えることができ、便秘にも効果的。もずくに含まれるフコダインは水溶性食物繊維。糖分を吸収する速度をゆるやかにし、食後の血糖値の急激な上昇を抑える働きがあります。

Chapter.2

ヤセにくい環境にいる

File 05

太るインテリア

仕事が不規則で
毎晩11時頃帰宅
ぐったり…
それから
ごはんを食べると
パタリ
ぐう…
いつのまにか床で寝落ち
寝落ち⁉
でも0時頃には
寝落ちしてるから
睡眠時間は
足りてます！
7時間睡眠！
どやっ
ベッドで
寝られ
ませんか？
いつも3時頃
目が覚めるので
ベッドに
移動してますっ
のそ…
お部屋が映ってる
写真はありますか？
はい……
わかりました！
ミカさんがヤセない原因は
ラグのせいです！
ええ⁉
なんで⁉

このふかふかのラグです
そう！それが気持ちよくてつい寝ちゃうんですよね
うふふ
3時頃目が覚めるのは眠りが浅いから熟睡できていない証拠
ガーン
トレーニングを頑張っているのに成果が出ないのは
睡眠の質が悪いから
寝ればいいってものじゃない！
筋肉は運動で傷ついて修復するときに鍛えられる
運動する
筋肉が傷つく
熟睡
スヤスヤ…
モリモリ
筋肉がよく育つ
質の悪い睡眠
しょんぼり
トレーニングの効果が出ない
筋肉の修復を促す成長ホルモンが出るのは睡眠時ですが 熟睡しないと成長ホルモンの出が悪くなるのです

それに疲れているときって 朝起きた瞬間から甘い物やポテチが欲しくなりませんか？
なるなる！
ポテチちゃん
睡眠の質が悪いと食欲を減退させるホルモンの分泌が減り
食欲を増進させるホルモンの分泌が増えます
byスタンフォード大学の睡眠研究
食べろ！
脳
胃
オス！
ガッ
ガッ
食欲を増進させるホルモンが出るとジャンクフードが食べたくなるの
フフフ…
やだ～
ぶるっ
実は 私がダイエットで一番大事にしているのは睡眠！
睡眠時間を削って運動することはあり得ません！
睡眠不足で運動しても筋肉が発達しないから無意味だし
せっかく頑張ってもムダに……
睡眠不足だと正しい判断もできない
ぼ～～
これでいいか…
メロン

おまけに食欲を増進させるホルモンが出てしまう
がるるる…
人はホルモンに逆らえません
Z Z Z…
ヤセたいなら6時間以上は寝ましょう！
そんなわけでラグは廃止！
NO!
イスとテーブルを買ってそこでごはんを食べるようにしましょう
これで寝落ち防げますから
はい！
1年後
12kgもヤセました〜！
えへ♡
きちんとベッドで6時間以上寝るようにしたら……
トレーニングの成果がみるみる出ましたね！
ジャンクフードも選ばなくなりました

それに翌日まで
疲れが残らなくなって
ダイエット前より
活動的になったんです
テキ
パキ
そしてっ！
なんと転職
しちゃいました
イェーイ
なんと！
ダイエットのために
ちゃんと寝るように
心がけたら
頭がクリアになって
人生設計をしっかり
考えるように
なったんです
夢
人生
このまま不規則な
生活を続けるのはイヤ！
そう思って転職を決意！
念願だった不動産の
仕事に転職できました
お客様にも
床寝しないで済む
インテリアを
提案しちゃおうかな
なんちゃって
あはは

File 06

旅行で太る

モン・サン・ミッシェルにて
うきゃー♡
4種類とも食べてみた〜い
巨大オムレツッッ！
ど――ん!!
北海道にて
ソフトクリーム全種類食べよっ
ああ〜♡
ええっ5種類ともっ!?
お腹こわすよ〜
開きなおりっっ
実際おいしかったし！
食べておきたいのはよくわかります
わたしもそうだし
でも本当にそこでしか食べられないものだけなんですか？
旅行のルールを決めよう
先日は群馬へバス旅行……となるとサービスエリアに寄ってますよね？何か食べましたか？
まずはアメリカンドッグ！
アメリカン
いももちも食べたかったな〜
それです

旅行の落とし穴・その1
魔の間食地帯・サービスエリア
移動中って なぜか買い食いして 当然だと思ってませんか？
確かにタガが 外れるかも
旅でテンションが 上がるし……
絶対に ダメなわけでは ないんですよ
でも そうした スナック類は カロリーも 高めです
ヤセるためには 旅行中の食べ物にも ある程度のルールが 必要です
・旅の目的でないものは 極力食べない
・味の見当が つくものは食べない
・ほかで食べられる ものは食べない
・似たものを 何種類も食べない
そこでしか食べられないものは 意外と少ないはずです
あれもこれも食べるのではなく 本当に食べたいものだけに絞ること

旅行に行くと いろんな言い訳で つい食べちゃうんだよな～
・名物だから
・せっかく来たから
・二度とない機会だから
・思い出になるから
・食べずに後悔するより 食べて後悔したほうがいい
夕飯はイタリアン！ 野菜が多くていい メニューですね
群馬はイタリアンが多いらしいですね
そうそう 地元野菜のバーニャカウダ 野菜の味が濃くって！
群馬はきゅうりがおいしいです
朝食はビュッフェだったんですね
そういえばビュッフェでした
きました！ 旅行の落とし穴・その2 〝ビュッフェの罠〟
旅行で食べたものを質問すると 大抵 夕食の内容が返ってきます
大事だから 記憶に残っているんです

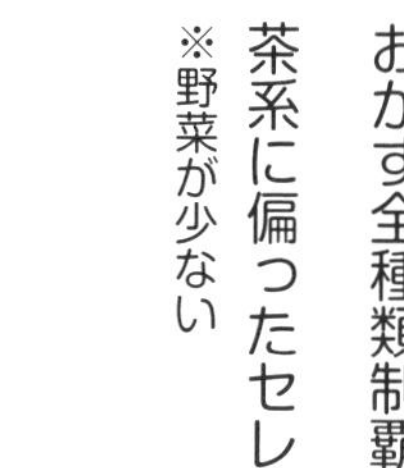

・高カロリーなクロワッサン

・ウインナーやベーコンを山盛り

・おかず全種類制覇

・茶系に偏ったセレクト
※野菜が少ない

・フルーツジュース飲みまくり
※ヘルシーに見えて糖分が多い

高カロリー・高脂肪・糖分過多と
三拍子揃ってます！

ベーコンなどの加工肉より
卵料理や焼き魚などを
選ぶのがオススメです
カロリーを抑えつつ
良質なタンパク質が
とれますよ
※詳しくはＰ92を参照
ビュッフェのウインナーって
恐ろしくおいしそうに
見えますよね……
ウインナーは
タンパク質
ではなく
脂の塊です
ジュワ
ビュッフェのルール
ビュッフェはいきなり取らずに
まず一周して見るのが鉄則！
なにがあるのかな〜？
野菜とタンパク質を先に取って
インスタ映えするように盛り付けると
自然と低カロリー&好バランスに
カラフル
1回で全部
取ろうと
しないのがコツ
私は
2〜3回
取りに
行きますよ
なるほど
たくさん取ると
残しづらいので
完食してしまいがち

旅行の落とし穴は
食べ物だけじゃありません
歩数計で測ってみると……
2000歩!?
少なっっ
旅行の落とし穴・その3
低運動量・低消費カロリー
バス旅行やドライブ旅行は
徒歩移動が非常に少ないです
しかも食べ放題の
バス旅行となれば……
消費カロリー
摂取カロリー
バーーン!!
食べ物絡みなら
イチゴ狩りや
ブドウ狩りなど
果物系のほうが
太りにくいです
果物は水分が多いので
カロリーがそこまで
高くないから

そして旅行には歩数計を持参し必ず1万歩を達成するようにしてください
1万歩!!
10000
徒歩移動を増やすためにも街歩きなど 体を使うような観光を増やしましょう
できるかな……
そのかわり食べ物はある程度自由にしましょう!夕食は好きにしていいですよ
ホントですかっ!?
旅行へ行くなと言われるかと思ってました〜
あまり追い込むと続きませんから!できる範囲を探りましょう
「旅行してもいい」がモチベーションにつながり日々の課題はしっかりこなす生活を続けられたユキコさん

12kgもヤセました！
旅行にウォーキングを取り入れると見どころが増えて楽しみが広がりますね
〈10か月後〉
ガラガラ
風景や人との写真も増えました
前は食べ物の写真ばかりだった
先日はハワイに行ってきたんですが1kgヤセましたよ！

ワイキキから
アラモアナまで
歩きました
すごい
距離ですね
人生観まで変わった
食べる楽しみしか
知らなかったけど
〝せっかくだから
観光しなきゃ〟って
発想が変わって
ちなみに
お土産の買い過ぎも
落とし穴
賞味期限が
切れちゃう
余ったり渡すのを忘れて
自分で食べる人が多いです
余るのを見越して
自分用に買ってるフシも
あったり……
多めに
買っちゃお
おみやげ
自分で食べないように
するには いろんな味を
買わないこと！
好奇心食いを防ぎます
クッキー
チョコ味
クッキー
メロン味
クッキー
いちご味
無駄なお土産や
食べ物を
買わなくなったら
貯金も増えました
お財布は太っちゃた（笑）

File 07

湯船につからない

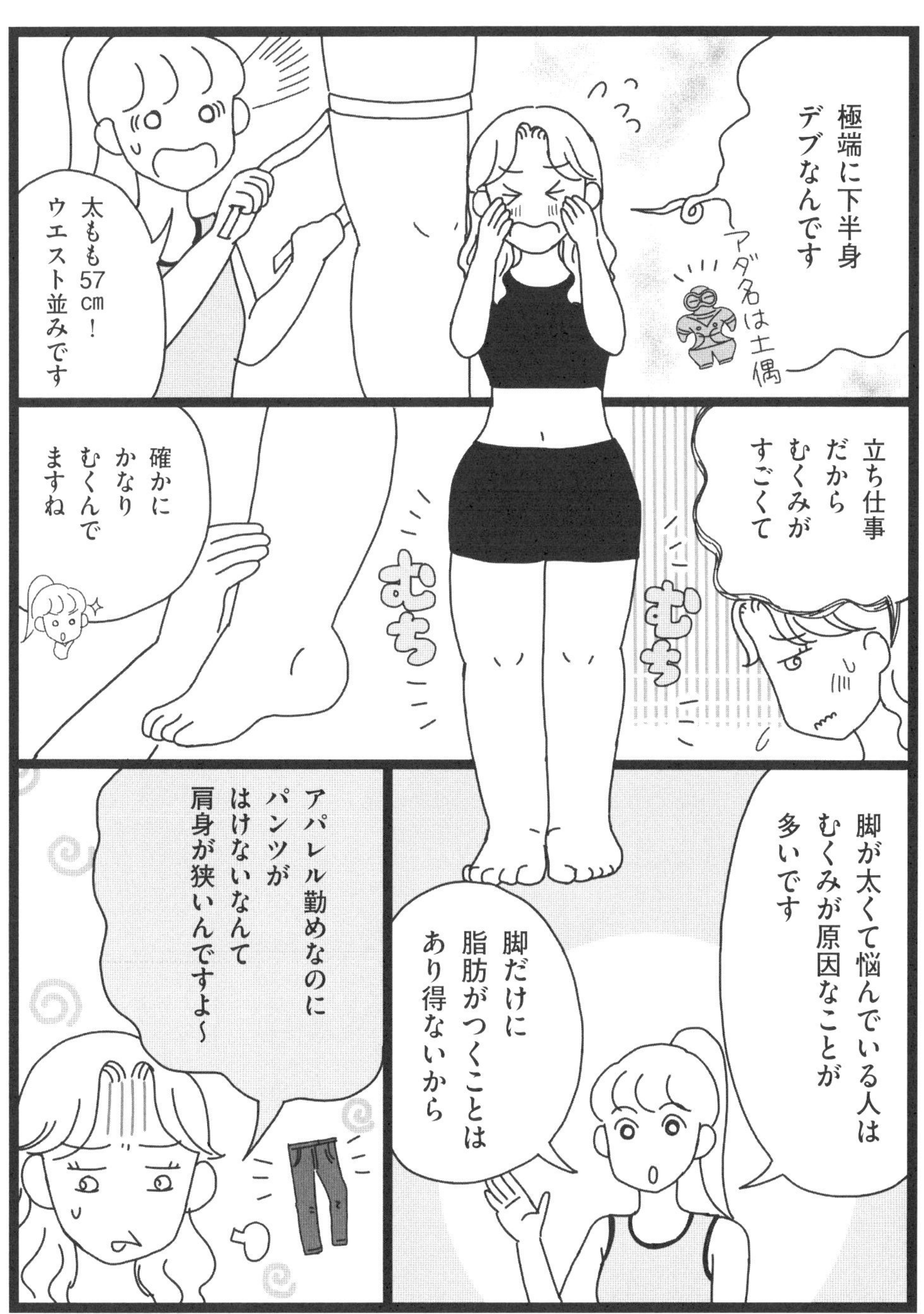
極端に下半身
デブなんです
アダ名は土偶
太もも57㎝！
ウエスト並みです
立ち仕事
だから
むくみが
すごくて
むち
むち
確かに
かなり
むくんで
ますね
脚が太くて悩んでいる人は
むくみが原因なことが
多いです
脚だけに
脂肪がつくことは
あり得ないから
アパレル勤めなのに
パンツが
はけないなんて
肩身が狭いんですよ〜

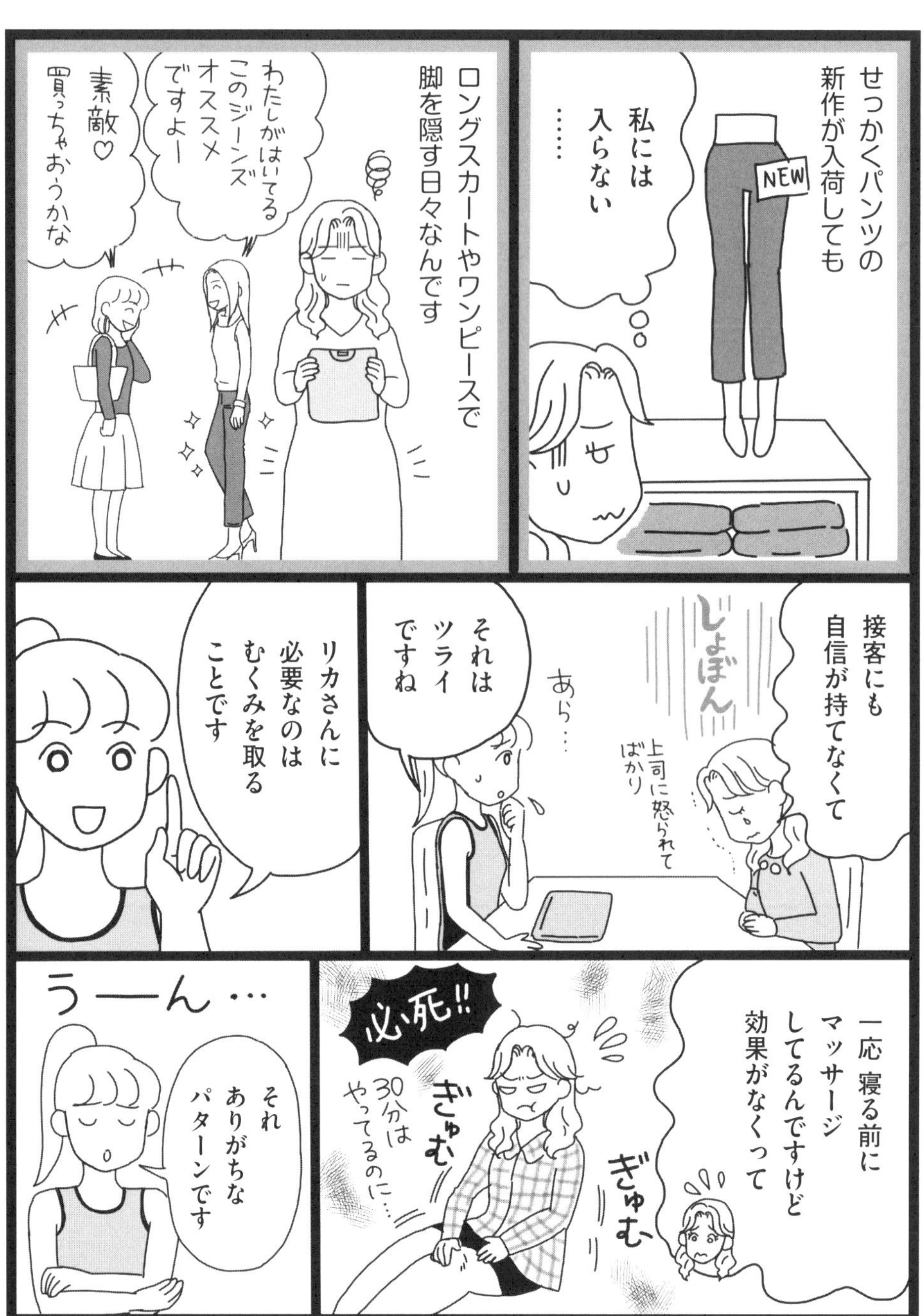
せっかくパンツの新作が入荷しても
NEW
私には入らない……
ロングスカートやワンピースで脚を隠す日々なんです
わたしがはいてるこのジーンズオススメですよー
素敵♡買っちゃおうかな
接客にも自信が持てなくて
じょぼん
上司に怒られてばかり
あら…
それはツライですね
リカさんに必要なのはむくみを取ることです
一応寝る前にマッサージしてるんですけど効果がなくって
必死!!
ぎゅむ
30分はやってるのに…
ぎゅむ
うーん…
それありがちなパターンです

マッサージを
頑張っても
むくみに対しては
非効率なんですよ
自分で自分を
マッサージしても
効果が出にくいの
えっ
そうなの？
マッサージの狙いは
硬くなった筋肉をほぐし
血液やリンパの流れを
改善させること
リラックスできるような
力加減で血液やリンパの
流れを促す必要があります
でも自己流マッサージだと
適切な圧力をかけるのは
難しくてやり過ぎて
しまうことが多いんです
ぎゅむ
ぎゅむ
力を入れ過ぎることで
過度な摩擦となり
色素沈着を引き起こして
しまうことも
必死に
やってた
のに～

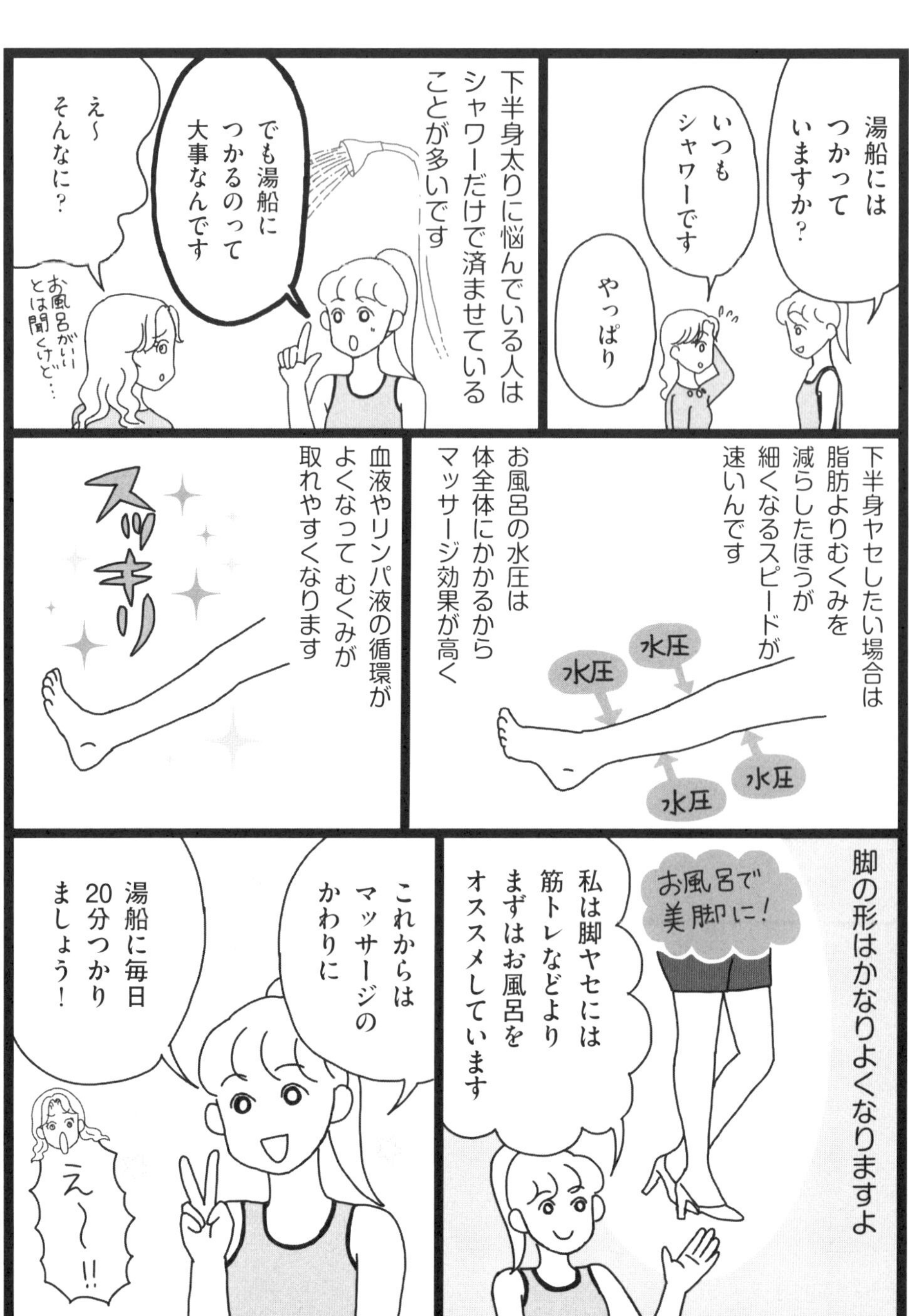
湯船にはつかっていますか？
いつもシャワーです
やっぱり
下半身太りに悩んでいる人はシャワーだけで済ませていることが多いです
でも湯船につかるのって大事なんです
え～そんなに？
お風呂がいいとは聞くけど…
下半身ヤセしたい場合は脂肪よりむくみを減らしたほうが細くなるスピードが速いんです
お風呂の水圧は体全体にかかるからマッサージ効果が高く
水圧
水圧
水圧
水圧
血液やリンパ液の循環がよくなって むくみが取れやすくなります
スッキリ
脚の形はかなりよくなりますよ
お風呂で美脚に！
私は脚ヤセには筋トレなどよりまずはお風呂をオススメしています
これからはマッサージのかわりに
湯船に毎日20分つかりましょう！
え～～!!

でも 湯船につかるのって面倒なんですよ〜
今日もシャワーでいいか…
慣れないと億劫ですよね
うんうん
そこで提案！帰宅したらすぐにお湯をためるべし
問答無用でお風呂に入る準備をしてしまうのです
毎日の習慣に！
帰宅したら
ただいま〜
お風呂スイッチON！
こうすれば"冷める前に入らなきゃ"って思いますね
続けられるポイントはお風呂に入るのを楽しみにしてしまうこと
お風呂グッズを充実させたり入浴剤に凝ってみましょう
私は照明を青に変えたりしてました
リラックス
オシャレ！

お風呂には
こんな
ヤセ効果も！
人は体温が下がるときに
眠くなります
温まって
ポカ
ポカ
体温が下がる
すや
すや
だからお風呂で体温を上げると
それが下がる頃に
眠気がやってくるのです
睡眠中には成長ホルモンが
分泌される
筋肉が育つ
代謝UP
ヤセやすくなる
成長ホルモン
お風呂から出たら
なるべく2時間
以内に寝ましょう
後日
お風呂
2分で
ギブアップ
でした
えー!!
みじかっ
さらに後日
頑張ってる
けど
10分で限界
目が冴えて
かえって
眠れないです
ずーん
えぇっ

熱くて入ってられないですよ
あっつ〜い!!
毎日が熱湯コマーシャル状態!!
押すなよ押すなよ
何度にしてるんですか?
45℃
高すぎィ!
熱ければ熱いほど汗もかくし早くヤセると思って……
いやいやいやいや!!
ブンブン
だって子どもの頃からこうでしたよ
やっぱり風呂は熱いに限るな
プハー
お風呂は熱々……
こういうパターンお風呂に限らず多いですね
実家の当たり前が"おデブ習慣"
漬け物に醤油
お好み焼きをおかずにごはん
麦茶に砂糖
実家のやり方って常識になるから疑問をもたないんです

お風呂の温度は39～41℃で！
39℃～41℃
42℃以上
ギンギン
42℃以上になると交感神経が刺激されて目が冴えてしまいます
ガーン…
そっか！
どうりで眠れないわけですね
1年後
10kgの減量に成功しました！
じゃーーん!!
46cm！
両脚合わせて22cmも減！
すっかり美脚になりましたね！
毎日湯船につかってたら確かにむくみも軽くなって寝つきがよくなりました

ヤセたこと以上に
うれしかったのが
上司から
〝接客が堂々と
してきたね〟って
褒められたこと
これまでは
〝キミには
話が通じない〟って
よく言われてました
お風呂の一件で
〝私の当たり前は
当たり前じゃないのかも〟
って気づいて
周りの人と
コミュニケーションが
うまく取れるように
なったんです
思い込みが原因で
ヤセられない人は
ダイエットに成功すると
視野も広がります
仕事も毎日も
楽しくなりました

COLUMN

4

ヤセるために積極的に食べたいもの

ほうれん草を1日1食とる

ほうれん草や小松菜などの緑の葉野菜をまとめて「青菜」といいます。ほうれん草に限らず、青菜でもOKです。外食やコンビニサラダなどの野菜は、緑黄色野菜より淡色野菜が多く緑黄色野菜は不足しがちなので、1日1食、意識して家でとってほしい食材です。青菜はビタミンCや食物繊維が豊富で、肥満予防の効果が期待でき、コレステロールの排出もしてくれます。手軽にとる方法としては、冷凍ほうれん草がオススメ。レンジでチンしてポン酢をかけて食べるか、お味噌汁に入れてみましょう。

毎日1食はきのこを食べる

低カロリーなきのこはダイエットの強い味方。食物繊維でお腹が膨れるので満腹感を得やすくなります。さらに、きのこに含まれるβ-グルカンは食物繊維の一種ですが、コレステロール値を下げてくれる効果もあります。マッシュルームの水煮缶なら、スープに入れたりサラダにトッピングするなどして、手軽に取り入れられますよ。

COLUMN

5

正しいウォーキングでキレイにヤセられる

週5日は歩数計を持って8000歩以上歩く

ヤセたいなら週5日、1日最低8000歩、できれば1万歩以上歩きましょう。1万歩歩くと消費カロリーは150kcalほどになります(体重50kgの人の場合)。通勤や買い物の時間を利用すれば、わざわざジムに行かなくてもすみます。無理にランニングする必要もありません。

20kgヤセたとき、私は駅から20分離れた家にわざと引っ越して、歩数を増やしました。今でも1日1時間は必ず歩きますが、15分を4回でもいいんです。それをやめると脚がみるみる太くなるのを実感します。

歩幅は、横断歩道の白いところだけを踏むくらいの大股で、ひざとひざをこすって歩くようにしましょう。目線はまっすぐ遠くを見て、電話で話すのが少しきつく感じるくらいのスピードを意識してください。

COLUMN
6
ハイカロリーな食べ物との付き合い方

乳製品は朝にとる

チーズや牛乳、ヨーグルトなどの乳製品は、脂肪分が多く含まれているので高カロリーです。運動する機会が少ない夜間に食べることで、太りやすくなってしまいます。乳製品は1日1回、1種類まで。朝食でとるようにしましょう。

ベーコン、フランクフルト、ウインナーは避ける

ベーコン、フランクフルト、ウインナーなどの加工品を「タンパク質」だと思っている人は多いですが、実は最も多く含まれている栄養素は「脂質」。だからカロリーが高く、ウインナー約4本とヒレステーキ150gはほぼ同じカロリー！ しかも、肉や魚に比べてとてもタンパク質が少ないので、タンパク質の代用品にはならないのです。また、むくみの原因になる塩分も多く含まれています。脂の塊だと思って、ダイエット中は極力避けるように！

Chapter.3

太りやすい考えになっている

File 08

子どもがいるからヤセられない

4歳の娘が
しょぼん…
ママ……あたち
太ってる？
ガーン！
悪影響
与えてる!?
子どもに
やつあたり
しちゃうことも
うう…
このままじゃ
いけないと……
しくしく
よく決断
しましたね
運動でスタイルキープしてきた
タイプの人は 子どもができたり
職場の異動や転職などで
忙しくなると
シュッ
運動さえすれば
ヤセるのに……
でも運動する
時間がない！
イラ
イラ
どーん！
こう思うことが
ストレスになり
ストレス解消のため
食べてしまうのです
運動する時間がとれなくて
ドカっと太ることがよくあります
そしてさらに太る悪循環

小さいお子さんがいる方は「子どもがいるから時間がとれない」とよく言いますが
発想の転換！
EICOさんといっしょ
子どもと一緒に楽しく動く方法を考えましょう！
子ども向け番組って体操やダンスがありますよね
そうですね
あれを大きな動きでやるだけでも十分なエクササイズになるんですよ
子どもと一緒にLet's Dance！
へえ〜
お手本よりも膝を高く上げたり手足を心臓からできるだけ遠い位置に持っていくと消費カロリーがアップ！
ちょっと心臓がドキドキするくらい、息が上がる程度の負荷が正解です

子どもって
同じ番組を
何回も
見たがるでしょ
録画して
何度もダンスを
リピート
しましょう
子どもも喜ぶ
1日でトータル
30分は動くように
しましょう
ほかにも
だっこしながら
スクワット
雑誌を重ねて
踏み台昇降
2
1
2
1
子どもを負荷にしてしまえば
消費カロリーも上がるし
スキンシップにも！
Good!
体幹とお尻と太ももに効く
スプリットスクワット
※お子さんが１歳半を過ぎてから行ってください。
公園では
何してますか？
子どもを
遊ばせながら
ママ友と
おしゃべり
それは
もったいない！
これからは
子どもさんと
かけっこ
しましょう
まて
まて
キャー

子どもってパワーがあるから
彼らに合わせて行動すると
結構なカロリーを
消費できるんです
例
子どもが「階段で行こうよ」
と言ってもエレベーターに
乗る人が多いですが
付き合うようにするとか
GOOD
子どもをダイエットの
邪魔ではなく
味方にする発想を！
なるほど〜
あとはP100〜教える
「忙しい人のための
お家エクササイズ」
をやってね！
4か月後
10kg
落ちました〜！
スラッ
運動するには
外に出なきゃ
まとまった時間を
とらなきゃって
思い込んでたけど
家の中でも 子どもが
一緒でも 工夫次第で
できるんですね
ストレス食いも
なくなりました

お子さんがいてもキレイな人は例外なく工夫しているんですよ
環境を変えるのが無理なら発想を変える！
条件が整うのを待っていたらいつまでたってもヤセません
そうそう私が10kgヤセたのを見て
そういえばこの間TVでやってた時短テクがー
へ～今度やってみよー
あーわたしもみたー
どよ
どよ～
すごーいヤセたねー
きれいになったねー
うふ♡
公園でひたすらおしゃべりしてたママ友たちが
今ではみんなでかけっこしています
わー
まて～
子どももママもみんな明るくなりました

忙しい人のための お家 エクササイズ

太ももにスキマをつくる

1

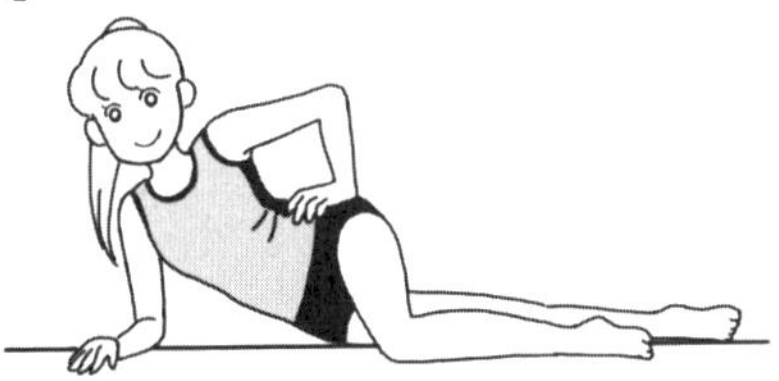

床に右ひじをついて横になり、
左脚を前に出し、ひざを
90度に曲げて床につける。
右脚は伸ばして、後ろに3cmほど
引いてスタンバイ。

※肩の下に右ひじを置くのがポイント。

2

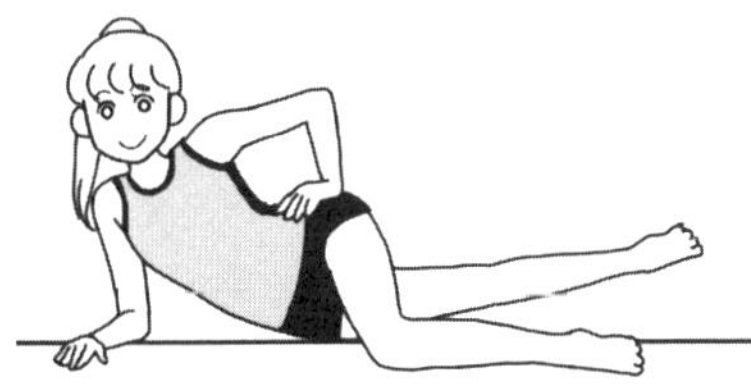

右脚をできるだけ高く持ち上げて
20秒キープ。このとき、左脚が
床から離れないように注意。

※逆も同様に行う。

20秒×左右2セット

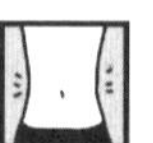

ウエストの「くびれ」をつくる

1

床に横になり、右ひじを床につけて
体を一直線にする。
左脚を前に、右脚を後ろに置いて
スタンバイ。

2

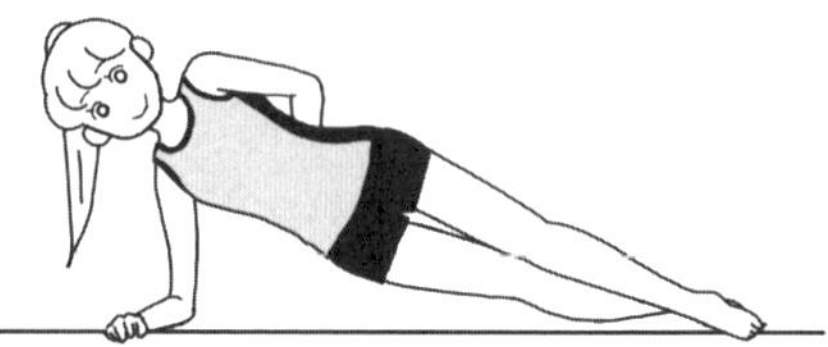

右ひじで床を押すようにして、
腰を床から離して20秒キープ。
左手は腰にあてる。
このとき、ふくらはぎが
床につかないように注意する。

※逆も同様に行う。

20秒×左右2セット

お尻をプリッと上げる

1

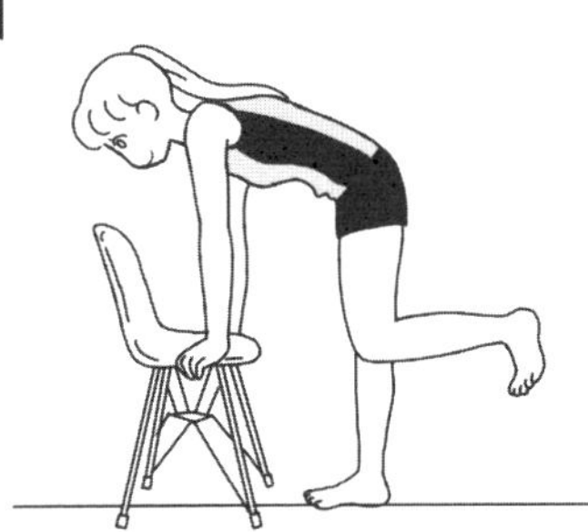

椅子に両手をついて、
左脚のひざを90度に曲げる。

2

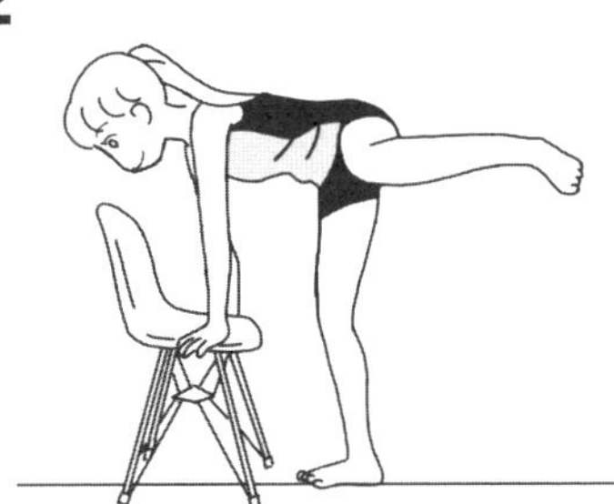

左脚のひざを90度に曲げたまま
真横に上げ、腰と同じ高さまで
持ち上げたら20秒キープ。

※ひざから下の脚が床と
平行になるように意識して。

20秒×左右2セット

1日何回行っても大丈夫！
ただし筋肉痛が起きたら
痛みが消えるまでお休みすること

下っ腹をぺたんこにする

1

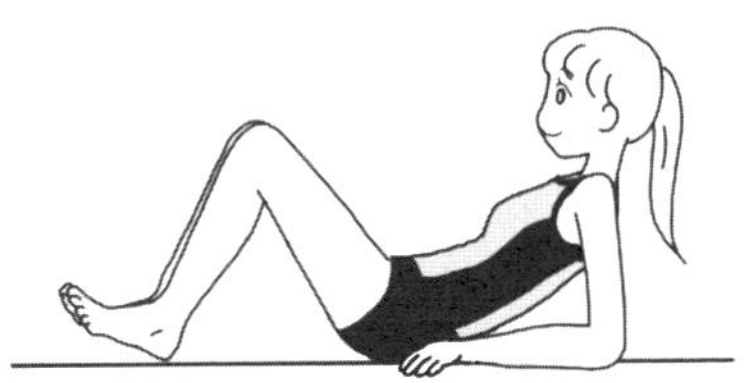

ひざを立てて座り、
上体を後ろに倒してひじで支える。
このとき、ひじが直角になるように。

2

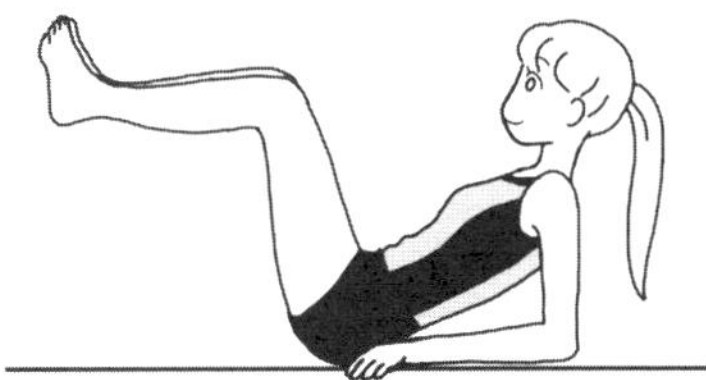

下腹に力を入れて両脚を上げ、
ひざと足首がそれぞれ直角に
なるようにしてスタンバイ。

3

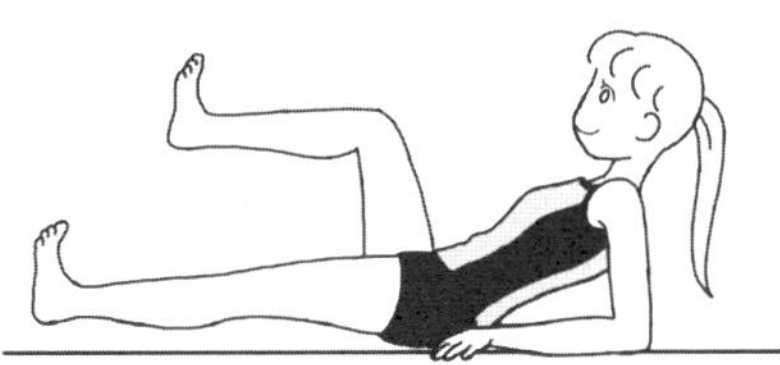

下腹部を意識して、
足首は直角のまま左脚を伸ばして
20秒キープ。
足の裏で壁を押すようなイメージで。

※2の姿勢に戻して、逆も同様に行う。

20秒×左右2セット

File 09

夫がモチベーションを下げる

歯に衣着せないダンナさんですね
小言が多くて怖いんです
ダンナは180㎝・60㎏のヤセ形で趣味はスポーツ
休日も家でゴロゴロしてたのかよ
私はインドア派なので休日も別行動
夫婦にすきま風
ムッ
あと「また菓子食うのかよ」とか
ピーン!
お菓子は結構食べるんですか?
我ながら食べてるかも……
ポテチ
ダンナに見つかるとイヤミを言われるので
最近は隠れて食べてます

わたしの
隠れ食いテクニック！
お風呂につかりながら
パクパク
パイの実
一気食いで
証拠隠滅
ただいま
中身が見えないタンブラーに
甘い飲み物を仕込む
実は
あま〜い
カフェオレ
お
お風呂で
パイの実!?
サクサク
命なのに
ぎょっ
そうそう
シナッシナに
なっちゃいます
罪悪感を
覚えながら
食べてたら
余計ストレスに
なりますよ
たまに
ドカ食い
しちゃったりも
しゅん

ドカ食いしちゃうのはどんなときですか？
point
ドカ食い対策の基本は原因を探ること
ダンナにお菓子や体形のことでイヤミを言われたときですね
人格を否定されてるみたいで
それは悪循環ですね
この図から「お菓子ドカ食い」をなくしましょう
イヤミを言われる
イライラしてお菓子ドカ食い
どーん
太る
家でお菓子を食べる
「食べるな」とか「デブ」って言われるとかえって食べたくなっちゃって
反発心がそうさせるのかも
わかります

となると
ダンナさんの協力が
必要です
ダイエット中
プレッシャーをかけないで
とお願いしましょう
ダイエット中は
モチベーションを
ひとりで保つのは
大変なので
協力者がいると
成功率が
ぐっと上がります
実家住まいの人は
お母さんに
手伝ってもらうことが
多いですね
二人三脚
お菓子は
やめとこう
ねー
クッキー
食事のバランスを整えたり
お菓子を管理してもらったり
一方で
ノリコさんのように
ダンナさんにいじられて
ヤル気をなくす
女性も多いです
ダイエット？
何度目だよ
ニヤニヤ
イラッ
ダイエット中は
どうしてもストレスを
感じやすいので
ストレスは最小限に
しないと成功しません

まずは 本気で
ダイエットすると宣言して
イヤミを言われると逆効果だと
説明しましょう
やややってみます
次回のレッスンで
イヤミを
やめてって
伝えました！
よかった
今度こそ
ちゃんと
ダイエットする！
1年で
ドレスが似合う
体になるから！
これでヤセなかったら
どれだけボロクソに
言われても
いいから～～!!
小言は
明らかに
減りました
わかって
もらえたん
ですね
でも
お菓子を食べてると
やっぱりチクリと
やられます
だいぶ
減ってるのに
目の前で
食べていると
つい口から
出るのかも

家でお菓子を
食べ過ぎてしまう人は
お店で食べると決めましょう
オープンエアだと
なおよし！
ドキドキ
人の目があるから
ブレーキがかかります
ノリコさんは
外出を増やす
意味でも
一石二鳥です
ヤセたいなら最低でも
1日8000歩は
歩いてほしいのに
一日中家にいる人の
歩数は800歩程度です
ごにょ
主婦は
家にいるのが
仕事で……
ごにょ
家で
ゴロゴロしてたら
一生ヤセません!!

ヒマな人ほど
太りやすい
対して キレイな人は
予定がたくさん
入っているんですよ
キレイな人
予定が多いので
消費カロリーも多く
他人の目を
気にするからキレイ
ヒマな人
消費カロリーが
少ないうえ
ヒマつぶしに
間食が増えがち
ストイックなダンナさんは
また!
一緒に
ジム
行く?
行かない
ずっと家にいる
ノリコさんに
イライラしてるのかも
それでイヤミを
言っちゃうの
たぶん
その通りです
しゅん…
気持ちは
わかります!
私も本来
出不精なので

出不精な人は
午前中に
予定を入れるのが
オススメです
AM
美容院
わたしは美容院や
マッサージの予約は
午前中に入れます
PM
せっかくだから
お散歩
一度外に出てしまえば
出歩く気になりますから
でも 行くところが
なくて
ウエディング
フォト用のドレスを
試着しに行って
ください
ヤヤセてから
行きます〜
どーん
「ヤセたら〇〇する」と
言っているうちは
ヤセられませんよ
太っている状態でお店に行き
「これは入らない」などと
傷つくことが本気でダイエットに
取り組むきっかけになるのです
ガーン!!
モチベーションを
上げるために
ヤセたら着たい服の
試着は超有効!!
わかりました
あえて
傷つきに
いってきます
ぐっ

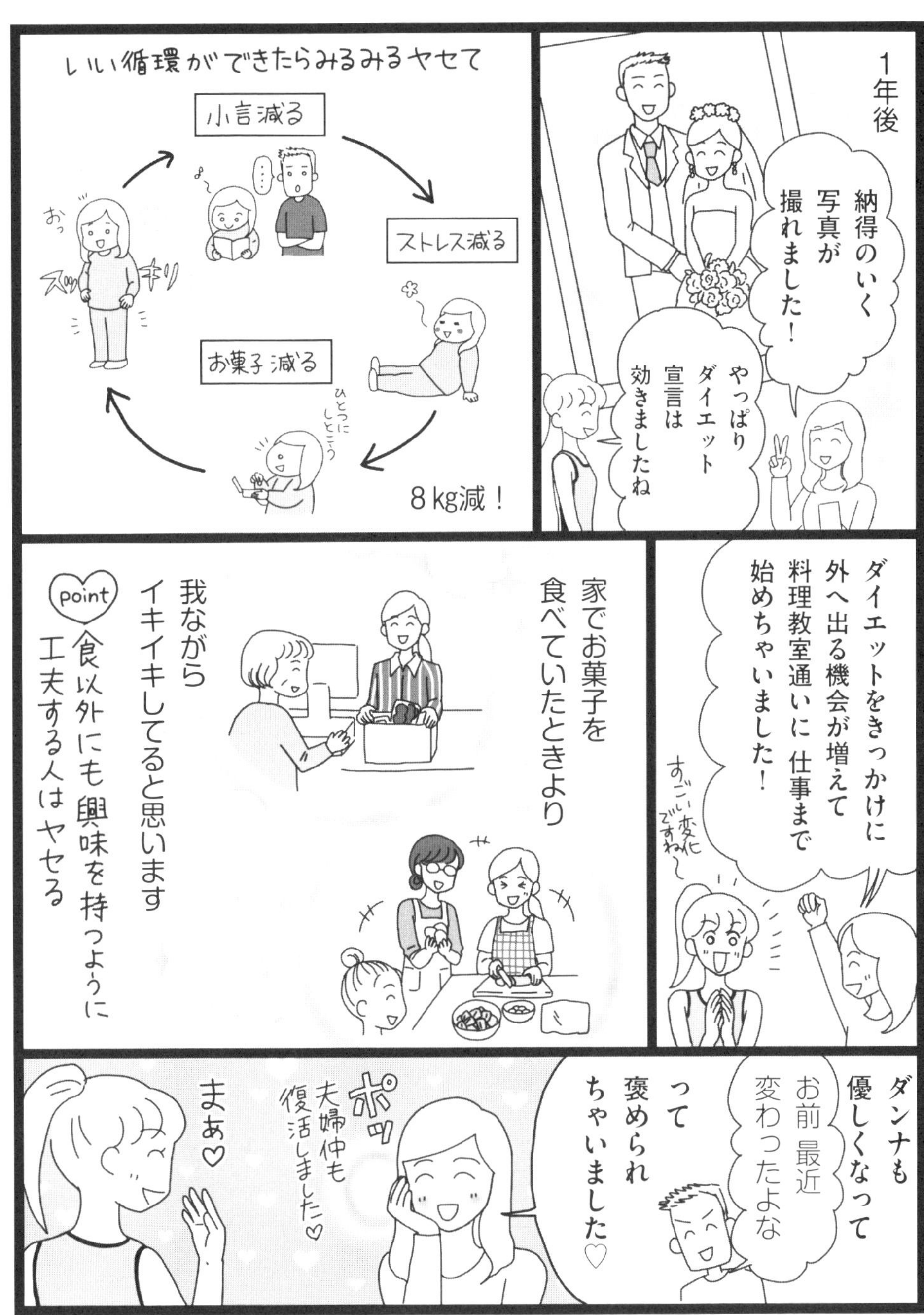
いい循環ができたらみるみるヤセて
小言減る
ストレス減る
お菓子減る
おっ
スッキリ
ひとつにしとこう
8kg減！
1年後
納得のいく写真が撮れました！
やっぱりダイエット宣言は効きましたね
ダイエットをきっかけに外へ出る機会が増えて料理教室通いに仕事まで始めちゃいました！
すごい変化ですね〜
家でお菓子を食べていたときより
我ながらイキイキしてると思います
point
食以外にも興味を持つように工夫する人はヤセる
ダンナも優しくなって
お前最近変わったよな
って褒められちゃいました♡
ポッ
夫婦仲も復活しました♡
まあ♡

File 10

お菓子のかわりに調味料を舐める

買い置きを
やめることは
できますか？
母に
買ってこない
ように
言います！
実は食べた後
母に八つ当たり
しちゃうんです
お母さんが
買ってくるから
食べちゃったじゃない！っ
でも
お菓子が
なければ
なんで
買ってこないのよー！
って
キレちゃっ
たりも
げんなり…
情緒不安定
か……

ドカ食いの前に
何があったか
覚えていますか?
なんだっけ
……?
思い出せないけど
なんかイライラ
したんですよね
わかりました!
では 次にドカ食い
してしまったら
何がきっかけで
食べちゃったかを
記録してください
point
ドカ食いがやめられない場合
そのきっかけがわかると
対処しやすくなる
はい……
食事手帳
お母さんの協力も得て
お菓子の買い置きを
やめたものの
減量は
はかどりませんでした
トトモコさん
これ……
ぎょぎょ
食事手帳

「マヨネーズ1本」って
なにかの間違いじゃ？
ずーーん
家にお菓子が
ないから
口さみしくて
パン
パン
あわわ…
飲み物欄の
「ケチャップ1本」
って……？
ジュース
がわりに
飲んじゃいました
フフ…
マヨネーズも
ケチャップも
調味料だから
塩分と糖分が
濃いの
たくさん食べたら
ヤセないのも
当然ですよ
お菓子を
食べるよりは
マシかと思って
しゅん…
ダイエット
あるあるですね
ダイエット中
お菓子のかわりに
調味料やジャムを
舐めてしのぐ人は
多いです
ふりかけや
コーヒーフレッシュを舐める人も！

でも 調味料やジャムを
直食いしていると
量がわからなくなるし
満足度も低いから
たくさん食べてしまうの
むっしゃ
むっしゃ
むっしゃ
むっしゃ
ジャム
から
point
量で満足度を
上げようとするのは
"おデブ習慣!"
ここまで追い詰められたら
お菓子を食べたほうが
満足度が高くドカ食いを防げます
同じ250kcal
ジャム(高糖度)
100g
(大さじ5杯)
シュークリーム
1個
とろ～りシュークリーム
量を抑えるために
ジャムなら紅茶に入れて飲むと◎
温かい飲み物は
心が落ち着くので
ドカ食い防止にも
ちなみに マヨネーズの
カロリーを実感する
方法があります
チューブのまま一度凍らせて
自然解凍してみて
半分以上
油です
ははは…
ずんっ
ぎょっ
どひー!!!

第一 マヨネーズやケチャップを飲んでもまずくないですか?
味を感じないです〜
味がしないのに食べてしまうのは食欲とは別の問題を抱えているサインです
どんなときにドカ食いしたかわかりましたか?
そうそう!スーパーのレジに並んでたんですけど
前のおじさんのお金が足りなかったんですよ
イラ
イラ
どこいったべ〜
それで時間取られて歩く時間も減るしトレーニングもできないと思ったらはらわたが煮えくり返って
イッラー!
わな
わな
ブッコロス!!
家に帰ってケチャップ一気飲み
ばーん!!
ごきゅ
ごきゅ
ほかにはタッチの差でエレベーターが閉まっちゃったときとか
チン!
ムカッ

トモコさん……
他人の言動にイライラして
いちいち食べてたら
一生ヤセられません
ビシッ
ガーン!!
!?
あなたがドカ食いを
やめるために
必要なのは
起きたことを
ポジティブに捉える
トレーニングです
たとえば
〝レジで待たされたから
トレーニングの時間が
取れない〟ではなく
〝待ち時間を利用して
つま先立ちトレーニング
しよう♪〟と考える
ふくらはぎに効く
エレベーターが
閉まっちゃったら
〝階段でいけば
カロリー消費できる〟
と捉えるとか

今は「面倒くさい」と
思うかもしれない
でも
考え方ってクセに
できるんですよ
私もおデブ時代は
歩道橋を見ると
〝イヤだ〟と思ってたけど
ダイエットを始めてから
〝美脚になるチャンス！〟
と意識的に考える
ようにして
今では歩道橋を
探してわざわざ
登りにいくように
へ〜
怒りをポジティブに
変換できるように
していきましょう
そうすれば
ドカ食いが減ると
思います
わ私に
できるかな
もっちろん！

今後 イライラしたときはノートに感情を書きとめましょう
書くことで冷静さを取り戻せます
やってみます！
しょうゆを1本飲んだらダメですよ～死にますっ
10か月後
ついにここまできました～
15kg減!!
投げ出さずに頑張れましたね
イライラしなくなったらドカ食いもなくなりました
表情も穏やかになりましたね
気持ちが乱高下すると体重も乱高下します

E-COさんのアドバイスのおかげで
何が起きたかよりもそれをどう捉えるかが大事と思えるようになって
バスをのがす
ネガティブ
ツイてない
ポジティブ
ウォーキングできる
point
捉え方ひとつでツイてない人生からラッキーな人生に!
私って恵まれてるんだって日々感謝できるようになったんです
家で怒ることもなくなったんですよ
他人の前では感情を抑えてた分家で爆発してたと思います
今では反省してます
そう気づけたのも進歩ですよ

Epilogue

EICOがリバウンドしない理由

私がリバウンドしないために
心がけていることを伝授します
①毎朝のトイレ後に体重を量る
トイレに腰かけた
ときに 体重計に
足が乗るように
セットして
立ち上がったら
体重が表示される
ようにしています
※イヤでも量るようにするのがポイント
まさかの体重計inトイレ
リバウンド
しないためには
太り始めたことに
すぐ気づくのが大事
+2kgなら
すぐに戻せますが
それ以上になると
なかなか戻らない
食べたものが脂肪になるには
2週間かかるので
2週間以内に戻すことが鉄則です
2weeks!
1 2 3 4 5 6 7
8 9 10 11 12 13 14
よし!
戻すぞ!
ちなみに食べ過ぎて
2kg増えたとしても
水分込みの
数字
脂肪が2kgついたわけでは
ありません
焦らず
対策すれば
大丈夫!

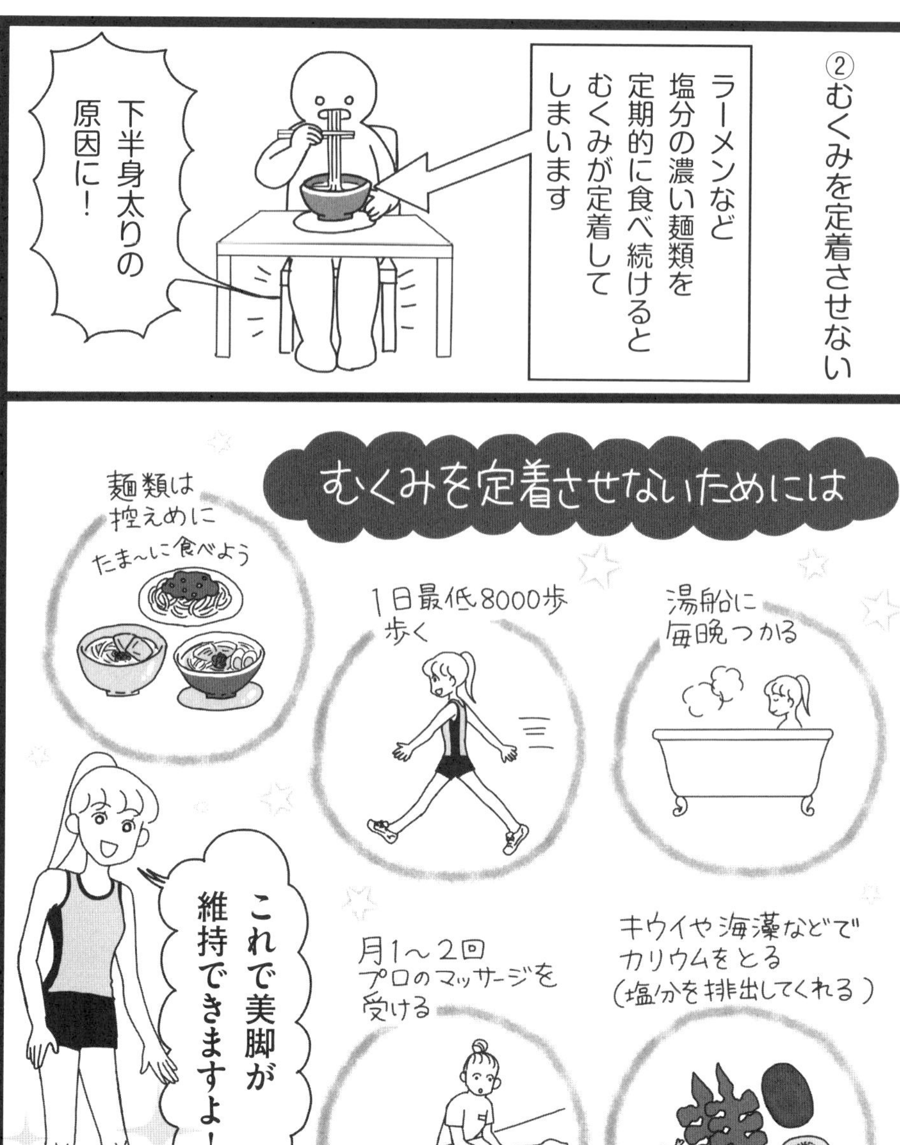
②むくみを定着させない
ラーメンなど
塩分の濃い麺類を
定期的に食べ続けると
むくみが定着して
しまいます
下半身太りの
原因に！
むくみを定着させないためには
麺類は
控えめに
たま〜に食べよう
1日最低8000歩
歩く
湯船に
毎晩つかる
これで美脚が
維持できますよ！
月1〜2回
プロのマッサージを
受ける
キウイや海藻などで
カリウムをとる
（塩分を排出してくれる）

③3食欠かさず食べる
〝お腹ペコペコ〟な状態にしないのがなにより大事
リバウンドしないよう頑張っていたのに
と夕ガが外れるのはたいていお腹がペコペコのときだから
もうどうでもいいや
ぐきゅるる…
朝起きて食欲がないときは
炭酸水を飲むようにしています
シュワシュワ
胃が刺激されて少し食欲が出るんですよ

④お菓子を食べたら「調整」する
EICO流
お菓子ルール
ケーキなど
高カロリーなもの
(300kcal程度)は
週1でOK
チョコやグミなど
ちょっとしたもの
(150kcal程度)
は週2までOK
ガマンすると爆発するので
週に3度はお菓子を
食べていいルールにしています
そのかわり食べたら必ず「調整」します
その後の食事で
炭水化物の量を減らしたり
3時のおやつに
ケーキ1個を食べたら
夜の炭水化物は
全カット
チョコ・グミの場合
半カット
ウォーキングの歩数を増やします
私はいつも
1万歩のところ
1万2000～
1万5000歩に
増やします！

⑤自分がおデブだったことを
忘れない
いまだに20kg
太っていた
私のほうが本体だと
思っています
point
「自分は太りやすい」と
思うことで自制心が働く
太っていることで
悲しい目にあい
ゾウ
みたいな脚
ガーン
見返して
やる！
という一心で
ダイエットに成功したので
point
ネガティブな動機は
爆発的なパワーになる
ことも
おデブ時代の
つらかったことを
思い出すと
「食べなくても
いいか」と
思えるのです
あんな思い
もうしたくない
これで一生太れません
気がゆるんだら
「おデブ時代の写真」を
見ます

リバウンドを繰り返していた
700人が10kgヤセ!
実録 “気づくだけ”ダイエット

発行日　2018年5月30日　初版第１刷発行

著者　ダイエットコーチＥＩＣＯ
漫画　いしいまき

装丁・本文デザイン　市川晶子（扶桑社）
編集　友部綾子（扶桑社）

発行者　久保田榮一
発行所　株式会社 扶桑社
〒105-8070
東京都港区芝浦1-1-1 浜松町ビルディング
tel. 03-6368-8870（編集）
03-6368-8891（郵便室）
www.fusosha.co.jp

DTP制作　株式会社明昌堂
印刷・製本　図書印刷株式会社

Printed in Japan　ISBN978-4-594-07973-4